AF450761

CATALOGUE

DU CABINET

D'HISTOIRE NATURELLE

DE M....

COMPOSÉ DE MADREPORES,
COQUILLES CHOISIES DANS TOUS LES GENRES ;
POISSONS , MINÉRAUX , FOSSILES
ET PÉTRIFICATIONS.

Par J. B. GLOMY.

A PARIS ;

Chez HUART, Libraire, grande Salle du Palais, au troisieme pilier, près la Chapelle.

M. DCC. LXIX.
Avec Approbation & Permission.

AVERTISSEMENT.

La Collection, dont je donne le Catalogue, avoit été recueillie depuis nombre d'années, par un Amateur de goût, qui n'avoit rien épargné pour se satisfaire, principalement dans la partie des Coquillages. Les devoirs de son état l'obligeant d'aller fixer son séjour dans une province éloignée de la Capitale, il a senti la difficulté qu'il y auroit de transporter ces différents objets de curiosité ; c'est ce qui lui avoit fait naître l'idée d'en faire faire une vente : mais le temps fixé pour son départ ne lui ayant point permis, il s'est déterminé à vendre cette Collection en entier à un Négociant. Comme ce genre de curiosité ne fait point l'objet de son commerce, il a bien voulu me charger de l'exposer en vente.

J'espere que les Amateurs trou-

veront dans ce Cabinet nombre de
morceaux dignes de leur curiosité.
Les Coquilles m'ont paru assez nom-
breuses pour mériter d'être présen-
tées dans l'ordre satisfaisant, qui a
été observé au savant Catalogue
d'Histoire Naturelle de M. Davila ,
sans cependant entrer dans une des-
cription aussi étendue de chaque
Coquille, qui auroit rendu ce Catalogue trop dispendieux , eu égard à
la valeur totale de ce Cabinet. Je
me suis permis quelques change-
ments pour simplifier davantage les
divisions que je réduis en classes,
genres & especes, dont je ne considere
les autres subdivisions, que comme
des variétés. Le mélange des Tubes
vermiculaires avec les Coquilles,
m'a toujours semblé déplacé, vu leurs
formes si différentes de celles des
Coquilles, auxquelles elles ne ressem-
blent que par leur nature testacée;
j'aurois voulu en faire une classe sé-
parée, comme on en fait une des
Madrepores, mais j'ai trouvé plusieurs Naturalistes si fort attachés à
les regarder comme des Coquilles,
que du moins je leur donne le pre-

mier rang dans les genres de cette claſſe, afin qu'ils puiſſent ſervir de paſſage des Madrepores aux Coquilles. J'ai auſſi placé les Vis immédiatement après les Buccins, avec leſquels elles ont le plus d'analogie, plutôt que de les mettre entre les Tonnes & les Volutes; à cela près, tout eſt dans l'ordre de M. Davila, qui, s'étant proposé pour modele la méthode de M. Dargenville, a cru devoir auſſi s'en écarter dans quelques parties: au reſte, dans tout cet arrangement je n'ai cherché qu'à mettre un ordre dans ce Catalogue, ainſi qu'on le pratique dans ceux des curioſités de l'art où l'on range les tableaux, deſſeins & eſtampes par écoles.

A l'égard des Minéraux, Foſſiles & autres objets qui ne ſont pas auſſi nombreux, j'ai évité d'entrer dans un ſi grand détail pour ne point trop groſſir le volume.

Il ne me reſte plus qu'à dire qu'on trouvera le plus grand nombre des Coquilles de ce Cabinet de la plus belle condition, & pluſieurs de ces morceaux rares, qui ne ſe rencontrent ordinairement que dans les plus grandes collections, tels que la Selle Polonoife, les Fufeaux à dents, le Marteau & autres pieces recherchées, dont ce Catalogue donne le détail; j'efpere que cela excitera les vrais Amateurs à venir à cette vente.

Cette vente fe fera rue de Gêvres, maifon de M. Buldet, Marchand d'Eftampes, le Lundi 11 Décembre, & jours fuivants de relevée, en la maniere accoutumée.

ORDRE DU CATALOGUE.

PREMIERE PARTIE.

POLIPIERS.

Premiere Claſſe. *Polipiers ſolides ou pierreux.*

Seconde Claſſe. *Polipiers moux ou flexibles.*

DEUXIEME PARTIE.

COQUILLES.

Premiere Claſſe. *Univalves.*

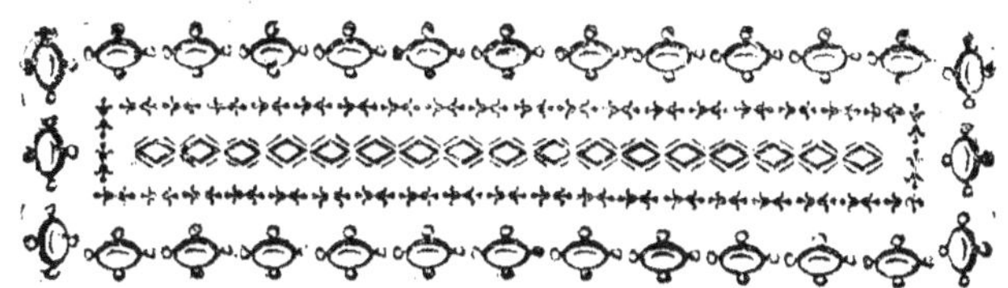

CATALOGUE

DU CABINET

D'HISTOIRE NATURELLE

DE M.....

PREMIERE PARTIE.

POLIPIERS.

PREMIERE CLASSE.

Polipiers solides ou pierreux.

Genre premier. CORAUX.

1. Un très-beau morceau de Corail rouge poli, sur un pied de bois noirci. Il porte environ un pied de haut, non compris le pied, sur dix pouces dans sa plus grande largeur.

Nota. Dans les mesures que je donnerai des morceaux suivants, le pied ne sera jamais compris.

Coraux.

A

Coraux.

2. Un autre joli grouppe de Corail dépouillé de son écorce, extrémement branchu, avec la singularité d'une petite branche rompue & recolée par les polypes : il porte 5 pouces de haut sur 6 pouces 6 lignes de large, sur un pied de bois noirci.

3. Quatorze petits morceaux de Corail revétus de leurs écorces, dont il y en a onze adhérents à des Cailloux.

Deuxieme Genre. MADREPORES.

Madre-
pores.

4. Un beau grouppe de Corail blanc, occulé d'une forme agréable, sur un pied : sa hauteur est de 13 pouces sur 6 pouces & demi.

5. Un grand Madrepore formant l'éventail, un peu incliné en arriere sur un pied : il est de 15 pouces de large sur 1 pied de haut.

6. Un *idem* d'environ 1 pied de haut sur 10 pouces de large.

7. Autre *idem* de 7 pouces de haut sur 1 pied de large : sa forme est un peu bombée.

8. Un *idem* à plus grosse branche de 7 pouces de haut, sur 1 pied de large.

9. Un Madrepore de forme applatie, d'un pied de haut, fur 10 pouces de large.

10. Un joli morceau de l'efpece appellée Bois-de-Cerf, adhérent à fon rocher, fur un pied de bois noirci : fa hauteur eft de 9 pouces, fur 1 pied de large.

11. Un Madrepore en épi de bled, de forme ronde, fans pied, d'environ 7 pouces de haut, fur 9 pouces de large.

12. Un grand Madrepore branchu.

12 *. Un autre Madrepore en épi de bled.

13. Un idem.

14. Trois idem, dont deux fur des pieds de bois noirci.

15. Trois morceaux de différentes efpeces, à larges feuilles, dont 2 fur des pieds.

16. Trois jolis Madrepores à branches menues, dont un couleur de lilas.

17. Deux petits Madrepores, dont une efpece d'Amaranthe.

18. Un très-beau Madrepore Amaranthe.

19. Un idem.

A ij

20. Un *idem* fur fon rocher.

21. Un Madrepore en épis de bled.

22. Un autre de l'efpece appellée Plantin.

23. Un Madrepore à petites bran-ches de couleur blonde, fur un pied de bois noirci.

24. Un *idem* fans pied.

Troifieme Genre. ASTROITTES.

25. Un très-bel Aftroitte, d'une ef-pece rare, nommé *le Chou*.

26. Un petit Aftroitte de forme pira-midale.

Quatrieme Genre. TUBIPORES.

27. Deux Tubipores à grandes bran-ches, fur des pieds de bois noirci.

28. Deux *idem*, dont un plus petit

29. Un joli grouppe d'Œillets, fur un pied de bois noirci.

30. Deux Tubipores, dont un group-pe de petits Œillets.

31. Trois autres plus petits, fur des pieds de bois noirci.

Cinquieme Genre. MILLEPORES.

32. Un Millepore branchu & feuillu,

sur lequel sont adhérents trois
Tubes vermiculaires, d'une forme
singuliere, ayant une feuille dente-
lée le long du tube, ce qui leur
donne la ressemblance de petits
poissons. Ce joli morceau est de 11
pouces de haut, sur 9 de large,
monté sur un pied de bois noirci.

33. Un autre à large feuille, formant
l'éventail, sur son rocher : il est de
18 pouces de haut, sur 16 de large.

34. Un Millepore branchu, sur lequel
se trouvent des Glands & quelques
petits morceaux de Corail.

Sixieme Genre. RÉTÉPORES.

35. Cinq jolies Manchettes de Neptune, ou Dentelle de mer. On y a
joint cinq petits Madrepores à bran-
ches extrêmement déliées.

Septieme Genre. MEANDRITTES.

36. Une belle Meandritte, ou Cer-
veau Marin, de forme ovale, sur
un pied de bois noirci, de 9 pouces
de haut, sur 6 pouces de large.

37. Une autre plus petite, de forme
ronde.   A iij

Méandrit-
tes.

3 · 15

38. Une autre très - finement ver-
miculée , ayant la forme d'une
éponge.

Huitieme Genre. FONGIPORES.

1 · 17   39. Deux Champignons de moyenne
grandeur.

Fongipo-
res.   9   40. Deux autres plus gros.

retiré
à
29 · 19   41. Une belle Limace d'espece rare,
de 13 pouces de long.

1 · 4   42. Un Pâté de différents Madrepores.

6 · 5   43. Un *idem*, dans lequel se trouve
un grouppe de petits Œillets , sur
lequel est adhérente une Huître épi-
neuse.

1 · 4   44. Un *idem* de Tubipores, Mille-
pores & autres.

DEUXIEME CLASSE.

Premier Genre. KERATOPHITES,
ou LITOPHITES.

Kerato-
phittes.   45. Un grand Litophite, nommé le
Panache de mer , revêtu d'une
croûte jaune, avec sa racine qui lui
sert de pied.

46. Un *idem* moins grand , fur un pied de bois noirci.

47. Un *idem* d'une grande forme, fur lequel eft adhérente une Aftroitte & un autre Panache plus petit.

48. Un autre grand Panache fur fon rocher, monté fur un pied de bois noirci.

49. Deux *idem* plus petits, fur des pieds de bois.

50. Deux autres Panaches branchus, dont un eft couleur de lilas. On les a fixé fur deux fragments de vafe de terre, de forme ancienne & fingu-liere, trouvés dans le fond de la mer, couverts d'Huîtres & Tubes vermiculaires : ils font pofés fur des pieds de bois noirci.

51. Une Litophite fingulier , imitant par fa forme une barbe ou des che-veux, que l'on pourroit nommer Cheveux ou Barbe de Triton.

52. Environ cinquante Litophites de diverfes efpeces , la plûpart mon-tés fur des pieds de bois noirci , & quelques - uns fur leurs rochers, dont on fera quatre lots.

53. Quatre Cartons remplis d'autres Litophites non montés, qui forme-ront quatre articles. A iv

Deuxieme Genre. EPONGES.

Eponges.
5. 8

53. * Cinq Eponges en tuyaux d'or-
gues, dont deux noires : ils sont sur
des pieds de bois.

54. Trois Eponges, dont deux ra-
meuses & une de forme piramidale,
imitant un Madrepore Astroitte.

avec
53

55. Un Pâté de diverses éponges,
dont une grande noire à tuyau.

SECONDE PARTIE.

COQUILLES.

PREMIERE CLASSE.

UNIVALVES.

Premier Genre. TUBES VERMICULAIRES.

Premiere Espece. *Tuyaux Solitaires.*

56. Dix Tuyaux de diverses formes & grandeurs, dont un Dentale des Indes, canelé de couleur verte, &c. — Vermiculaires. 3. 15

Deuxieme Espece. *Tuyaux grouppés.*

57. Un beau grouppe de Tubes vermiculaires rouge de Corail, nommés *Tuyaux-d'Orgue.* — 12. 5

58. Deux *ditto* montés sur des pieds de bois noirci. — 10. 6

A 9

Vermicu-
laires.

4

59. Sept grouppes de Vermiculaires blancs, en forme d'inteſtins, y compris un petit grouppe de Tuyaux d'Orgue.

1 · 7 60. Six *idem* adhérents à leurs ro-chers.

1 · 10 61. Un Pâté de pluſieurs grouppes des mêmes.

Deuxieme Genre. LÉPAS.

Premiere Eſpece *à Coquille entiere.*

Lépas.

17 · 19

62. Cinq jolis Lépas, dont deux Boucliers à écaille de tortue; un petit roſe & blanc de Magellan : on y a joint un Opercule rond d'un verd noirâtre, ayant la forme d'un Lépas.

4 · 19 63. Six autres, dont un grand à côtes ſaillantes, deux radiés à œil de rubis & autres.

1 · 7 64. Huit *idem*, dont deux panachés à groſſes ſtries inégales, &c.

3 · 5 65. Quatre Lépas, dont un en bateau, deux en bonnets de Dragon couleur de chair, & un Œil de rubis de couleur blonde.

8 66. Dix-huit Lépas, dont neuf en

bonnets de Dragons, la plupart blancs.   Lépas

67. Quarante-quatre *idem*, tant ſtriés qu'en bonnet de Dragon.   4

68. Un Pâté d'environ une trentaine de petits Lépas de diverſes eſpeces, fort jolis en couleur.   1 · 10

69. Neuf Lépas bruts, couverts la plûpart de drap marin, & quelques-uns de glands.   12

70. Vingt-un Lépas, la plûpart dépouillés & polis, dont deux noirs & blancs, trois en bateau, un chambré, &c.   1 · 5

71. Ving-ſix *idem*.   3 · 1

72. Treize *idem*, polis & non polis.   2

Deuxieme Eſpece *à Coquilles percées.*

73. Cinq Lépas de Magellan à coquilles percées, rayonnées de violet, de roſe & de verd.   5 · 2

74. Six autres dans le même goût, vifs en couleur.   5 · 3

75. Sept *idem* plus petits.   1 · 4

Troiſieme Genre. Oreilles.

76. Trois Oreilles, dont une grande   Oreilles.   4 · 1

de la Chine fort rare, un peu fruſtre.

Oreilles.

20 77. Six *idem*, dont deux des Indes, de forme allongée, rares.

2 78. Douze *idem* de nos mers, & deux petites des Indes.

Quatrieme Genre. NAUTILES.

Premiere Eſpece. Chambrés.

Nautiles.
2 · 8 79. Deux Nautiles fort chambrés, montés ſur des pieds de bois : ils ſont endommagés.

Deuxieme Eſpece. Papiracés.

15 · 10 80. Un Nautile papiracé de la Méditerranée, de 6 pouces 9 lignes, bien conſervé.

7 · 4 81. Un *idem* de 5 pouces & demi.

Cinquieme Genre. LIMAÇONS.

Premiere Eſpece à bouche ronde.

Limaçons.
9 · 1 82. Trois Burgaux, dont un gros dépouillé d'une belle nacre, avec ſon Opercule, une veuve & un petit deuil.

83. Quatre *idem*, dont deux petits deuils non polis.   · 1 · 4 Limaçons.

84. Quatre beaux Limas ; fçavoir, une bouche d'or, deux bouches d'argent différentes, & un Perroquet d'un très-beau verd.   7 · 12

85. Cinq Limas, une Bouche d'or & une Bouche d'argent, deux à peau de Serpent rubannés, & un petit Burgau.   4 · 12

86. Sept *ditto*, dont un Dauphin, un Burgau à tubercules, dépouillé d'un bel orient, & autres.   1 · 16

87. Huit *idem*, deux Dauphins, une Veuve gravée en feuillages de relief, un Perroquet à tubercules, &c.   2 · 2

88. Vingt-fept jolis Limas, moyens & petits, dont un Dauphin couleur lilas, un petit Deuil d'un fond verd d'eau, trois Limas à tubercules, mouchetés de couleur de rofe, &c.   4 · 1

89. Ving-cinq *idem* de plufieurs variétés.   avec 27

90. Deux Bouches d'or & deux Bouches d'argent.   1 · 6

91. Trois Limas à peaux de Serpent.   7

92. Sept Limas, dont deux noirs.   3 · 5

deux blancs du Cap, tous quatre rares, &c.

1 · 17   93. Sept *idem*, dont deux Veuves, bouches d'or, un Perroquet, un Limas noir, un blanc du Cap, rares, &c.

Deuxieme Espece *à Bouche demi-ronde.*

2 · 11   94. Vingt Limas, dont le mamelon, des Marons rubanés & autres.

1 · 11   95. Dix sept *idem*, trois Mamelons, dont deux jaunes, un Maron rôti, des rubanés & autres.

3   96. Onze *idem*, dont plusieurs Marons rubannés.

Troisieme Espece. *Nérites.*

2 · 11   97. Quarante jolies Nérites, dont plusieurs Quenottes Seignantes.

1 · 4   98. Vingt-cinq autres Nérites, tant lisses que striées.

Quatrieme Espece. *Sabots.*

6 ·   99. Quatre Sabots ; sçavoir, deux Toits Chinois & deux Cul-de-

lampes , dont un dépouillé.

100. Treize jolis Sabots , dont un Bouton de camifole, un Cadran, une Lampe rubanée fond blanc , & autres.

101. Sept Cul-de-lampes, dont deux à ftries granuleufes , deux bariolés de violet & de rofe, un dépouillé , &c.

102. Dix fept, dont deux Maçonnes, qui font de même efpece que la Fripiere , à la différence qu'elles font chargées de cailloux au lieu de coquilles.

Sixieme Genre. BUCCINS.

Premiere Efpece *à Bouche dépourvue de Bec.*

Nota. Je donne le nom de Bec à la partie allongée de la bouche d'une Coquille, ce qui femble mieux lui convenir que celui de queue qu'on lui donne ordinairement.

103. Huit Buccins, don un Zebre ou Ane rayé, quatre rubanés & autres.

104. Deux autres Zebres , dont la marbrure a quelque variété.

105. Sept Coquilles, dont un Zebre, une fauffe Oreille de Midas, &c.

Buccins.
4 - 13

106. Cinq Buccins, dont une Thiare papale, deux Mitres, &c.

3 · 12 107. Vingt-trois petits & moyens Buccins; sçavoir, des Thiares papales, dont quelques-unes de la Chine, rares, des Mitres & autres.

2 · 7 108. Quatre Coquilles, dont une belle Mitre.

15 · 19 109. Deux Buccins rares de Magellan, de forme allongée, de couleur blonde, tirant sur l'ivoire.

5 110. Un Buccin rare de Magellan, nommé le Buccin feuilleté.

4 111. Trois Buccins de Magellan; sçavoir, une Licorne & deux feuilletés.

2 · 1 112. Un petit Buccin feuilleté & deux Licornes.

Deuxieme Espece *d longs & petits becs.*

10 113. Une Quenouille & deux Tulipes.

2 · 10 114. Une autre petite Quenouille ou Fuseau, un grand Contre-Unique & deux autres.

16 · 4 115. Un Unique ou Bouche à gauche, & sa contre-partie bien assortie.

116. Un beau Buccin à Tubercules
& côtes longitudinales de couleur
blondes, nuées de fauve & de brun.

117. Deux Trompette de Triton &
une grande Tulipe.

118. Trois Trompettes de Triton de
deux variétés , & deux Tulipes
brunes.

119. Trois *idem*, dont une couleur
d'Orange, & six autres Buccins.

120. Quatre Trompettes de Triton
de différentes grandeurs, & un
Casque, montés sur des pieds de
bois noirci propres à garnir le des-
sus d'un armoire.

121. Une Trompette, une Tulipe
brune & une fausse Oreille de Midas.

122. Deux Trompettes de la belle
espece & deux Tulipes.

123. Dix-neuf petits & moyens Buccins, dont une petite Trompette,
une Tulipe, plusieurs Chenilles, &c.

124. Cinq jolis Buccins, dont une
Cordeliere vive en couleur, deux
Tours de Babel & autres.

125. Trente - deux petits Buccins,
dont deux Tours de Babel.

126. Deux beaux Fuseaux à dents

Buccins.

en pendant, morceaux capitaux &
très-rares, bien conditionnés.

126 * Huit Buccins, dont trois petits
finguliers de l'efpece, nommée par
quelques uns *la Punaire*, mais plus
convenablement l'*Aveline*.

Septieme Genre. VIS ou AIGUILLES.

Les Vis.

127. Le Télefcope, vis de forme
conique, que quelques-uns placent
dans les Sabots : elle eft de couleur brune & rare.

128. Deux grandes Aiguilles à carac-
tere, efpece que l'on nomme auffi
l'*Alêne*.

129. Cinq Vis liffes & ftriées, dont
une Alêne.

130. Quatre Vis liffes, dont trois à
caracteres.

131. Un choix de quinze Aiguilles,
moyennes & petites, pour former
un Soleil.

132. Quatorze *idem*.

Huitieme Genre. MUREX.

Premiere Efpece *à Bouche fans bec.*

Murex.

133. Quatre Foudres variés, dont
deux Chauves-Souris.

Nota. Ce dernier nom eſt celni que les Hol-
landois donnent à tous les Foudres ; je ne
le donne qu'à ceux dont la voluté eſt plus
évaſée & les pointes plus aiguës, ce qui
fait une variété dans cette eſpece.

134. Deux Foudres, deux Muſiques   3 · 1
   & une Harpe.

> *Nota.* Monſieur Dargenville eſt le premier
> qui ait mis les Harpes au rang des Ton-
> nes ; preſque tous les Auteurs les placent
> parmi les Murex ; & je m'y conforme.

135. Trois Foudres, deux Muſiques   3 · 4
   & une Harpe.

136. Quatre Harpes & deux Mu-   2 · 9
   ſiques, dont une orangée foncée.

137. Huit Murex, dont trois Lards   1 · 11
   ou toiles à matelas.

138. Quinze *idem*, dont deux ai-   2 - 1
   grettes blanches de Saint Domingue, ſur l'une deſquelles eſt un
   Aſtroitte.

139. Huit *idem*, dont trois Lards,   2 · 10
   une Aigrette, avec Aſtroitte, &c.

Deuxieme Eſpece, *avec un petit bec.*

140. Dix - neuf Murex, dont une   16 · 5
   Gaufre & une Grimace.

141. Huit autres à zônes & tuber-   68 ·
   cules.

142. Dix-neuf *idem.*   1 · 11

Murex.

143. Cinq Casques, dont un Turban vif en couleur, un Bezoard, &c.

1·12 144. Quatre Casques, dont un Turban.

1·19 145. Trois Coquilles, dont un Casque triangulaire.

1·4 146. Onze petits Casques, dont deux pavés, un Bezoard, &c.

1·4 147. Treize Murex de différentes especes.

1·16 148. Neuf *idem*, dont deux Grimaces.

Troisieme Espece. *Ailées sans pattes.*

2 149. Six Ailées, dont trois Ailes d'Anges, deux desquelles sont nuancées de lilas.

1·10 149 * Six *idem*, dont deux Ailes d'Anges.

3·1 150. Quinze *ditto*, dont deux Oreilles de Cochon.

1·6 151. Huit *idem*, Oreille de Cochon & autres.

1·11 152. Huit *idem*, dont deux Oreilles d'Anes.

1·11 153. Trois Ailées, dont une grande à tubercules, dépouillée, avec des nuances de couleur de rose.

154. Neuf *idem* de couleurs variées. ====

155. Deux gros Lambis, dont la   Murex.
bouche est d'un beau couleur de   2 . 9
rose.

156. Six autres gros Lambis & deux   2
gros Casques triangulaires.

Quatrieme Espece *avec pattes.*

157. Une grande Araignée mâle,   13 . 19
nommée aussi *le Bélier*, & une
Araignée femelle qui est la même
espece, plus jeune.

158. Deux Araignées différentes & un   16 . 18
Bélier.

159. Huit *idem*, dont un Scorpion,   12
trois Chauves-Souris ou Halle-
bardes, &c.

160. Une grande Araignée à tête   4 . 1
applatie.

161. La même Coquille d'un âge plus   3 . 1
jeune.

Neuvieme Genre. POURPRES.

Premiere Espece *à petit bec.*

162. Cinq grosses pourpres, dont ====
une belle Chicorée.   Pourpres.
    3 . 13

Pourpres.

163. Quatre jolies Pourpres, deux très-blanches à clavicule brune, une rôtie & une brûlée.

164. Quatre *idem*, dont deux brûlées.

165. Cinq Pourpres brunes, efpeces de Chauffe-trapes.

166. Six autres, dont deux Chicorées brunes.

167. Six autres à tubercules.

168. Dix *idem*.

169. Dix *idem*, dont une Chicorée blanche.

170. Treize petites Pourpres, Chauffe-trapes & autres.

Deuxieme Efpece *à long bec.*

171. Trois belles Bécaffes variées de couleur, & une petite Maffue non épineufe.

172. La Bécaffe épineufe des Indes, à trois rangs de longues pointes entremêlées de petites, rare à trouver, bien confervée : il y manque quelques pointes.

173. Deux Bécaffes épineufes ordinaires & deux Maffues, dont une à trois rangs de pointes fur le corps, plus rares que celles à deux rangs.

174. Quatre Maſſues à deux & trois rangs, & deux Bécaſſes épineuſes de Saint Domingue.

175. Cinq Maſſues & trois Bécaſſes épineuſes.

176. Quatre Bécaſſes épineuſes & quatre Maſſues.

177. Huit petites Bécaſſes épineuſes, & ſept Maſſues, dont une à 4 rangs de pointes.

Dixieme Genre. LES GLOBOSÉES OU TONNES.

178. Une grande Couronne d'Ethiopie griſe à zônes & panaches, d'un peu plus de 6 pouces de long, plus rare que l'eſpace ordinaire.

179. Sept Tonnes, dont une petite Couronne d'Ethiopie, deux Oublies, ou papiers roulés, & quatre canelées variées.

180. Quinze *idem*, dont pluſieurs à tubercules.

181. Neuf *idem*, deux à tubercules, deux Figues, deux Oublies, &c.

182. Quinze Oublies de différentes nuances.

183. Deux Prépuces, une Figue & quatre Oublies,

les Tonnes.

183 * Deux Prépuces, ou Tasses de Neptune, de couleur fauve panachée, espece très-rare.

184. Cinq Tonnes, deux Prépuces, deux Perdrix & une Canelée.

185. Deux Perdrix , deux à tubercules & une canelée.

186. Trois Perdrix, une canelée & une à tubercules, de forme un peu grandes.

187. Huit Tonnes, dont trois Perdrix de diveses nuances.

188. Deux grosses Tonnes canelées & une Couronne d'Ethiopie.

Onzieme Genre. VOLUTES.

Premiere Espece. *Cornets.*

Volutes.

189. Un Amiral & un Esplandian, coquilles rares.

190. Un petit Amiral & son Vice-Amiral, & une petite Tine de beure, d'espece rare.

191. Cinq Flamboiantes variées de couleur.

192. Cinq Cornets, deux Minimes, une Tine de beure, une Spéculation & un Onix ou Cierge à bouche violette.

193. Deux

193. Deux Couronnes Impériales & deux Navets.

194. Deux Damiers, deux Tigres à bandes jaunes, & deux Aumusses.

195. Cinq Cornets, dont deux Spéculations & un Navet.

196. Dix neuf petits Cornets, dont deux Damiers à zônes.

197. Une grosse & belle Tine de beure & deux Tigres.

198. Trente-trois petits Cornets, Couronnes Impériales, Hébraïques, Aumusses & autres.

199. Deux Tigres à bandes jaunes, de la plus vive couleur, & deux à fond blanc.

200. Sept Cornets, dont un Damier, deux Tigres à fond blanc, &c.

201. Deux petits Damiers jaunes de la Chine, très-rares.

Nota. Il se trouve quelquefois des Damiers jaunes, qui ne doivent cette couleur qu'à l'art des Marchands, mais leurs couleurs sont plus mornes & les taches jaunes ne sont point bordés d'un petit trait plus foncé comme dans ceux-ci, qui sont véritablement de la Chine & naturels.

Deuxieme Espece. *Rouleaux.*

7 · 1 202. Deux Brocards de soye , un Drap d'or, & un Ecorchée.

4 203. Deux Ecorchées, un Drap d'or une piqueure de mouche & une Omelette.

3 · 6 204. Quatre petits Draps d'or, une Ecorchée, une Piquure de mouches, un Taffetas & une espece de Brunette.

11 · 19 205. Deux jolies Brunettes , une Ecorchée & un Drap d'or.

4 · 4 206. Dix petits Rouleaux , Draps d'or , Piquure de mouche , un Spectre & autres.

3 207. Dix-sept petits Rouleaux *idem.*

Troisieme Espece. *Olives.*

5 · 10 208. Huit belles Olives, dont deux Porphires, ou Olives de Panama.

3 · 3 209. Sept *idem*, dont une de Panama.

3 · 15 210. Treize Olives variées de jolies couleurs, dont deux Porphires.

2 · 13 211. Dix-huit petites Olives variées.

1 · 5 212. Vingt-quatre *idem.*

Douxieme Genre. PORCELAINES.

213. Un Lievre vif en couleur, & deux Œufs.

214. Une Géographique, un Argus & un Œuf.

215. Huit Porcelaines; sçavoir, deux Taupes, deux Tigrées deux Crapaudines & deux fausses Arlequines.

216. Huit *idem*, dont deux Neigeuses, deux Tigres, &c.

217. Douze *idem*, Tigres & autres.

218. Quinze moyenne Porcelaines variées.

219. Douze petites, dont deux jolies à zônes violettes & zig-zags, assez rares.

220. Deux Tigres & deux Taupes variées de couleur.

221. Un Pâté d'environ 100 petites Porcelaines.

222. Un *idem* d'environ 24 Coquilles de différents genres, dont une Grimace, un Damier.

223. Un *idem*, dont plusieurs Chausse-trapes, une Mitre, une Muscade & autres.

224. Un *idem* d'environ cinquante

Porcelaines.

Coquilles, dont plusieurs Murex, Casques, Porcelaines & autres.

SECONDE CLASSE.

COQUILLES BIVALVES.

Premier Genre. HUITRES.

Premiere Espece. Lamelées.

Huîtres.
retiré
à
280.

225. Une très-belle Selle Polonoise d'un orient très-vif & d'un grand volume : elle porte 7 pouces, sur 5 pouces, très-rare.

retiré
à
48.

226. Le *Rastellum*, Huître de la plus grande rareté, qu'on ne connoissait autrefois que Fossile. M. Dargenville, dans sa Conchiliologie, prétend que celle qu'il possédoit étoit la seule qui fût connue.

2·18

227. Une Vitre Chinoise & quatre Pelures d'oignon nuancées de lilas.

2·6

228. Une Pelure d'oignon jaune, adhérente à une valve de Peigne & quatre grouppes de petites, toutes adhérentes à des Coquilles.

229. Quatorze *idem*, tant grouppées
que simples, adhérentes la plupart
à des Coquilles.

230. Cinq Hirondelles, dont une
petite chargée de *Balanus* ou Glands
de mer.

231. Un Marteau, Huître des Indes,
très-rare & singuliere : il porte 6
pouces & demi, sur 5 pouces &
demi.

Deuxieme Epece. *Feuilletée.*

232. Deux grouppes d'Huîtres feuilletées de Saint Domingue, dont
un composé de quatre, de couleur
lilas, sur une branche de jonc;
l'autre de six, dont une lilas, deux
citron & trois fort petites rou-
geâtres.

233. Un petit grouppe de quatre
Huîtres lilas & citron, & quatre
autres non grouppées lilas, deux desquelles sont adhérentes à des morceaux de Corail occulé.

234. Douze Huîtres feuilletées lilas
& citron, sans être nétoyées.

234 *. Neuf Huîtres feuilletées de
nos mers, couleur lilas de diverses

nuances, dont deux grouppées fu un morceau de bois.

Troifieme Efpece. *Epineufes*.

11 - 1 **235.** Quatre Huîtres épineufes de Saint Domingue, fond blanc & têtes rouges, une defquelles eft armée de pointes fort longues, qui portent un petit gâteau feuilleté, lilas.

1 236. Quatre petites Epineufes à pointes plus déliées.

2 · 3 237. Cinq *idem*, dont quatre de Malthe.

3 · 13 238. Sept *idem*, & deux Marons blancs.

21 · 12 239. Six Huîtres de Malthe d'un beau pourpre, fur l'une defquelles eft adhérent un gros Tube vermiculaire tortillé.

2 · 10 240. Huit *idem* d'Amérique & de Malthe.

2 · 19 241. Cinq *idem*, dont une groffe rare, couleur orangé-foncé, un peu fruftre. La charniere en eft difpofée de maniere à ne pouvoir fe détacher malgré la rupture du nerf.

avec 61. 242. Un Pâté d'une vingtaine d'Huî-

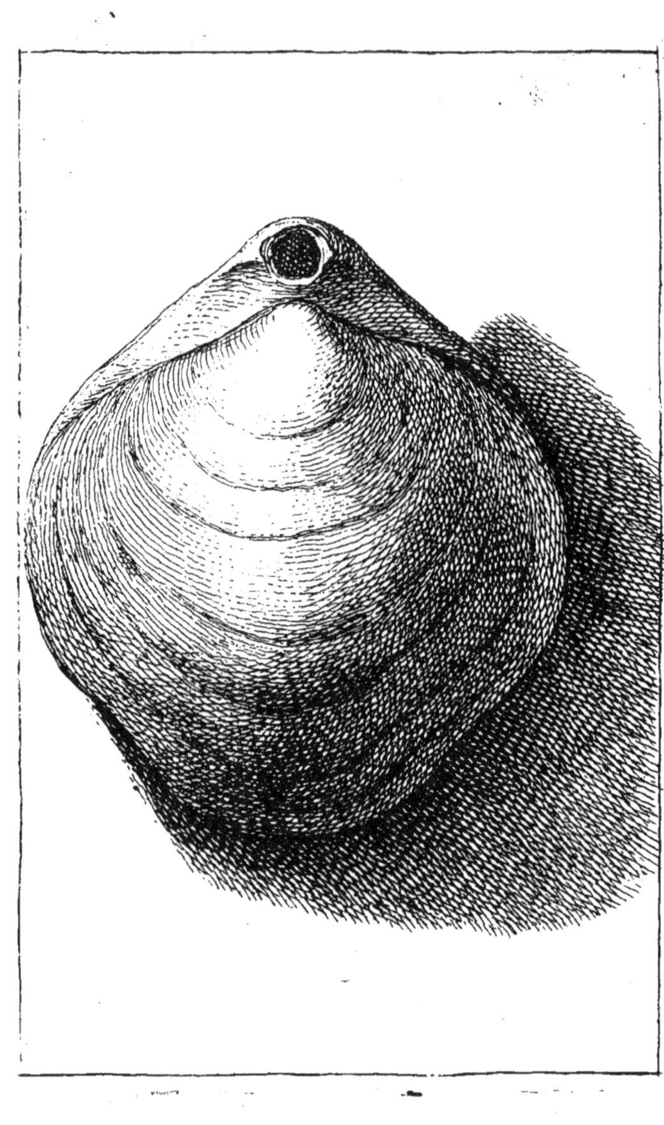

tres de différentes efpeces, dont
plufieurs épineufes.

243. Un *idem* de douze morceaux.

Quatrieme Efpece. *Anomies* ou
Térébratules.

244. Une grande Anomie, ou Pou-
lette de Magellan à ftries très-fines
traverfales & très - rare de cette
grandeur. On n'en connoît que deux
dans les Cabinets de Paris. J'en
donne ici la forme & la grandeur
gravée.

245. Deux Anomies liffes de Mahon,
Verdâtres, chargées de petits tubes
vermiculaires, une porte vers fa
charniere un petit rétépore.

246. Trois *idem* de couleur grife,
dont une porte un petit Œillet.

247. Deux *idem* de couleur blonde.
On y a joint le véritable analogue
Foffile; on fait qu'autrefois on ne
connoiffoit ce genre de coquillage
que Foffile : c'eft depuis peu d'années qu'on a découvert ceux de
mer.

248. Deux petites Anomies papira-
cées de Mahon, rares, d'une forme

singuliere, décrites à l'article 699 du Catalogue de M. Davila & gravées *Pl. XX, lettre D.*

249. Deux Anomies de Magellan à ſtries & appendices intérieures, figurées au Catalogue de M. Davila, *Pl. XX, lettres A-a*, & la même Foſſile un peu différente à ſa charniere.

250. Trois autres de la même eſpece plus petites.

Deuxieme Genre. LES PEIGNES.

PREMIERE EſPECE *à Oreilles égales.*

Peignes.

251. Deux jolies Solles des Indes, l'une d'un beau lilas & l'autre griſe.

252. Sept Peignes, dont quatre de la Méditerranée, ſur la plus grande deſquelles eſt une pelure d'oignon, les trois autres ſont des Bénitiers de Saint Domingue.

254. Vingt-quatre Peignes de la Méditerranée, grandes & petites, appellées *Coquilles de Saint Jacques.*

Deuxieme Espece, *à Oreilles inégales.*

255. Un beau & rare Peigne des côtes d'Afrique, de couleur ponceau.

256. Cinq jolis Peignes ; sçavoir deux Manteaux Ducals, une petite Corralloïde mouchetée de blanc, un Orangé foncé des Indes, & un autre plus clair de nos mers.

257. Une grande Corralloïde d'Amérique.

258. Seize petits Peignes de Mahon, dans le nombre desquels est un Peigne blanc à oreilles égales, & deux Orangés de nos mers.

259. Dix-huit *idem*, dont un jaune de nos mers.

260. Six Peignes de Mahon, de formes assez grandes, variés de couleurs.

261. Douze *idem* de plus petites formes & de couleurs agréables.

262. Neuf *idem*.

263. Cinq Peignes, dont un pourpre à stries fines, deux à grosses côtes en forme de gibecieres & deux Citrons de nos mers.

Peignes.

264. Treize petits Peignes des côtes d'Espagne, de jolies marbrures.

265. Dix-sept *idem*, dont deux beaux rouges & jaunes de nos mers.

266. Neuf Peignes, dont quatre de nos mers d'un beau jaune.

267. Seize *idem*, tant de Mahon que de nos mers.

268. Quatorze *idem*.

269. Quinze Peignes des côtes d'Espagne à large canelures, de marbrures singulieres & variées, y compris deux rouges d'Afrique.

270. Vingt-trois *idem*.

271. Sept Peignes choisis de nos mers, dont quatre jaunes.

272. Cinq *idem* dont un en gibeciere & deux jaunes.

273. Vingt & un *idem*.

274. Quatorze *idem*, dont plusieurs de Mahon.

275. Quatorze *idem*.

276. Douze *idem*, parmi lesquels il y a deux Valves dépareillées d'un Manteau Ducal des Indes & deux d'une Coraline d'Amérique.

277. Un Pâté de Peignes de nos mers, la plupart bruns, au nombre de 150, tous doublets.

Peignes.

Troisieme Genre. CAMES *de diverses especes.*

278. Quatre Cames ; sçavoir deux   3
Réseaux blancs de Saint Domingue,
dont un poli fond blanc , bord
rouge , & deux Abricots jaunes,
un poli & l'autre naturel.

279. Deux autres Réseaux , dont un   3 · 10
jaune poli , bordé de rose, & deux
Abricots jaunes non polis.

280. Onze Cames , dont trois grandes   1 · 8
de couleur d'Agate & huit pe-
tites à stries rayonnées.

281. Dix Cames, dont une Agate   4
polie.

282. Six *idem*, dont une Agate   1 · 13
rayonnée polie.

283. Sept *idem*, dont une écriture   8 · 1
chinoise des Indes.

284. Trente-trois petites Cames,   1 · 6
dont plusieurs à point d'Hongrie,
des rayonnées couleur de rose, &c.

285. Sept Cames, dont une chagri-   1 · 4
née.

Quatrieme Genre. Cœurs *de diverses especes.*

Cœurs.

286. Quatre Cœurs de bœuf épineux, deux à volutes, & trois autres fans épines.

287. Neuf *ditto*, la plupart épineux.

288. Sept *idem*; fçavoir, cinq épineux, dont deux blans, & deux fans épines à zônes brunes.

289. Douze *idem*, dont un à volutes & deux blancs.

290. Vingt-quatre Cœurs, la plupart ftriés à zônes brunes.

291. Cinq Coquilles, dont trois Corbeilles, une Fraife & une Rape.

292. Un joli chou fond jaunâtre vivement tacheté de pourpre, & une thuilée blanche.

293. Un Chou & huit petites Cames à ftries rayonnées.

294. Dix Cœurs, dont un *concha veneris*, une Fraife, trois Corbeilles, &c.

295. Neuf *idem*, dont quatre vieilles ridées.

296. Sept Cœurs, dont celui de Vénus, deux Arches de Noë, &c.

297. Dix *idem*, dont une belle Arche de Noë.

298. Quatorze *idem*, dont un Cœur en bateau, des Arches de Noë, &c.

Cœurs,

Cinquieme Genre. TELLINES.
&
Sixieme Genre. MOULES.

299. Cinq Tellines béantes de la Méditerranée, couleur de rofe, à deux rayons blancs.

Tellines &
Moules,

300. Six *idem*.

301. Deux Tellines ou Moules de rivieres, polies, dont une grande d'une belle nacre & une Moule blanche.

302. Six Manches de couteau, fur l'un defquels font adhérentes des pelures d'oignons.

303. Une très-belle Moule de Magellan polie, d'une grande forme & d'un orient vif.

304. Deux *idem*, dont une polie.

305. Quatre *idem*, dont une polie.

306. Sept petites Moules, dont une arborifée, rare, & une violette finguliere, en ce que la partie ronde eft échancrée en cœur.

Tellines &
Moules. 7 · 18

3

307. Quatre Moules, dont trois d'Al-
ger.

308. Six autres, dont deux couleur
chamois à points d'Hongrie.

309. Cinq *idem* ; favoir, deux points
d'Hongrie, une verte & deux violettes.

3 , 310. Un Pâté de plufieurs bivalves ;
2 · 14 la plupart Moules & Tellines.

311. Une grande Pinne-Marine de
deux pieds de long, dont l'inté-
rieur eft d'un bel orient rouge.

avec 312. Un Jambon de couleur blonde
175 tuilé, & un petit de même efpece
pourpre.

TROISIEME CLASSE.

*MULTIVALVES de différents genres
& efpeces.*

Multival-
ves,

313. Trois Pholades Sextivalves;
fçavoir, deux de nos mers avec le
poiffon confervé, & une grande de
Saint Domingue, fans fa clavicule,
que l'on nomme dans ce pays, *la
Navette,* & deux Dattes.

314. Trois Ofcabrions ou Clôportes
de diverfes grandeurs.

315. Trois Pierres renfermant des
Fholades, deux de Sextivalves &
une de Dattes.

316. Deux grouppes de Gland de
mer, ou Tulipes.

316*. Un Panier rempli de nombre
de Coquilles univalves & bivalves,
parmi lefquelles fe trouvent plufieurs
Cœurs à volutes & beaucoup de
Cames blanches propres à mettre
des couleurs pour la miniature.

TROISIEME PARTIE.

CRUSTACÉES, POISSONS ET QUADRUPEDES.

317. Deux petits Ourfins confervant une partie de leurs pointes,
dont un rare des Indes, violet.

> Nota. Quoique l'on mette ordinairement les
> Ourfins parmi les Coquilles, j'ai cru de-
> devoir fuivre le fentiment de quelques
> Naturaliftes, qui les regardent comme
> des Cruftacées, vu le peu de confiftance
> de leurs envelopes.

318. Cinq Ourfins dépouillés, dont
deux grands *Spatagus*.

319. Cinq *idem*, dont un *Spatagus*
confervant une partie de fes pointes,
deux à mamelons, &c.

320. Six *idem*, dont quatre *Spatagus*.

321. Huit *idem*, deux petits de la mer
Rouge, deux violets de nos mers,
&c.

322. Quatorze petits Crabes de dif-
rentes efpeces, dont l'épineux rare,
trois Ofcabrions & deux Etoiles,

323. Un Cancre des Moluques, qu'on pourroit appeller l'*Epée*, à cause de la longue pointe qui sort de sa tête.

324. Deux autres Cancres des Moluques, plus grands.

325. Un grand Houmart, ou Ecrevisse de mer, deux corps de Cancres des Moluques & deux autres petits Crabes.

326. Six petits Chevaux Marins du Golphe de Venise.

327. Huit Etoiles de différentes especes, dont le pâté réticulé.

328. Trente-cinq Peaux de Poissons dessechés, propres à être ajustés sous verre, dont quelques-uns rares.

329. Trois *idem* ; sçavoir, la Dorade, & deux Vielles, poisson dont les nageoires sont verd d'eau.

330. Un grand Requin empaillé, bien conservé, de 5 pieds de long.

331. Un petit Moucheté de 2 pieds & demi.

332. Quatre *idem*, dont un de 4 pieds de long.

333. Neuf autres Poissons, dont deux volants, & la peau du Poisson lune.

334. Quatre Machoires de Poisson, dont une grande de Requin.

335. Une défense du poisson Scie, espece à base large, de 3 pieds 3 pouces de long.

336. Une autre, même longueur, mais de forme plus étroite, & deux Dents de Cachalot.

337. Un Membre de Baleine, de 4 pieds 10 pouces.

Animaux terrestres.

338. Un Armadille ou Tatou, une Défense de Sanglier & un Andouille de Cerf.

339. Deux Œufs d'Autruche.

QUATRIEME PARTIE.

CRISTALISATIONS, PIERRES, MINÉRAUX, ET PÉTRIFICATIONS.

340. Un Pâté de terres bollaires, sables & autres.

341. Soixante & quinze morceaux & Plaques de marbres polis & non polis.

342. Quarante & une Plaques de

marbres d'Italie, d'Espagne & de France, polies & taillées quarré-ment, la plupart d'environ 3 pouces: les noms sont écrits sur plusieurs.

343. Quatre Plaques d'Agate d'O-rient, & une d'Allemagne, propres pour tabatieres.

344. Cinq jolis Cailloux d'Egypte & deux morceaux de Lapis.

345. Quatre Plaques de Jaspe rouge, taillées pour une boîte : il en manque deux petites.

346. Trois Boîtes, deux de primes d'a-méthiste & une de marbre très-fin, une petite Soucoupe d'agate, & un petit Flacon de pierre de lard, fait à la Chine.

347. Vingt & une Plaques d'Agates, Jaspes & Cailloux, de formes régu-lieres.

348. Vingt *idem* plus petites.

349. Trente *idem*.

350. Trente-cinq *idem*.

351. Douze morceaux de Jaspe.

352. Dix *idem* d'Agate.

353. Vingt-deux petites Agates ar-borisées, & Cornalines convenables pour des bagues.

Stalactites & Incrustations.

354. Un très beau grouppe de *Flos-Ferri*, des Pyrénées à rameaux très-déliés & revêtus de leurs criftallifations noirâtres, qu'ils perdent lorfqu'on les blanchit : fa hauteur eft de 9 pouces, fur 10 pouces & demi de large.

355. Un *idem* à rameaux, plus gros, de 13 pouces de large fur 10 pouces & demi de haut.

356. Un grouppe de Stalactites d'une forme agréable, repréfentant fort bien des Choux-fleurs d'une couleur rougeâtre : il porte 11 pouces de large, fur 9 pouces & demi de haut.

357. Un grand grouppe de Stalactites ou incruftations, compofé d'un grand nombre de tuyaux adhérents, formant à peu près un triangle équilatéral, dont les côtés portent environ 2 pieds.

358. Plufieurs autres Stalactites de différentes efpeces qui feront détaillés à la vente.

Cristaux.

359. Un beau grouppe de Cristal
de roche, composé de gros & petits canons entrelassés, parmi lesquels il y en a un de 9 pouces de
haut, sur trois pouces de diametre.
Tout le morceau est de 9 pouces
sur 8 de large, non compris un
pied de marqueterie octogone de 3
pouces de haut.

360. Un autre joli groupe de Cristal
de roche sur un pied de bois noirci ;
un des canons porte 5 pouces de
haut, sur environ 1 pouce & demi
de diametre. Le grouppe est de 7
pouces de haut, sur 4 pouces de
large, & le pied de deux pouces &
demi de haut,

361. Sept Cristallisations & Géodes
avec primes d'Améthistes, dont
une montée sur un pied de bois
noirci.

362. Un Pâté de différentes cristallisations, Géodes & autres.

363. Un *idem.*

364. Un *idem.*

365. Un *idem* de petits Cristaux, ou

faux Diamants du Dauphiné ; on y
a joint deux petites Améthiftes &
un Saphir.

2 . 10 | 366. Un *idem* de grenats bruts.

Minéraux , Pirrites & Marcaffites.

17 . 1 367. Huit jolis morceaux de Mines
de cuivre & plomb, fur lefquels fe
trouvent des couleurs brillantes.

10 . 1 368. Neuf morceaux *idem* , plus
gros, y compris une belle Pirrite
couleur de cuivre.

6 . 2 369. Quatorze petites Mines de cuivre, plomb, pirrites, dont plufieurs
cubiques, & deux morceaux de ro-
fette fondue.

3 . 11 370. Vingt-quatre Mines, la plupart
de plomb, pirrites & vitriol.

5 . 10 371. Plufieurs Minéraux, marqués de
caracteres chymiques qui défignent
les Métaux, Pirrites, Marcaffites,
qui feront détaillés à la vente.

372. Trois morceaux d'Amianthe &
trois beaux morceaux de Gyfpfe
tranfparents comme du criftal.

373. Un Pâté de Gyfpfe de Mont-
martre.

Pierres Arborisées & avec des Empreintes.

374. Deux Marnes arborisées, dont une taillée en ovale forme un joli buisson.

375. Un Cube de grais, & dix - huit morceaux de Tuf arborisés.

376. Deux impreffions de Poiffons fur des Tufs. Il y en a un petit dont on voit encore la peau en nature.

377. Cinq Ardoifes taillées en ovale, dont une porte l'impreffion en re- lief d'une branche d'If, & un autre d'une Fougere.

378. Trente-quatre Ardoifes avec impreffions de plantes & trois avec des fragments de poiffons.

Coquilles en nature, de Courtagnon, Chaumont & autres endroits

379. Une Table ronde qui fe peut placer dans un tiroir, un peu rele- vée dans fon milieu, divifée par compartiments de fer blanc, peints en rouge , contenant 129 cafes garnies de coquilles, foffiles, uni- valves & bivalves, d'efpeces variées

& bien conſervées : le diametre de cette table eſt d'un pied 9 pouces & demi.

380. Deux tiroirs remplis de ſemblables Coquilles, dont on fera deux lots.

Pétrifications.

381. Une grande & belle Corne d'Ammon, d'un pied trois pouces dans ſon plus grand diametre, ſur 5 pouces d'épaiſſeur, bien conſervée.

382. Une *idem* de 13 pouces de diametre & 3 pouces & demi d'épaiſſeur.

383. Deux autres à peu près de même grandeur, avec un gros Nautilite.

384. Un gros Nautilite, monté ſur un pied de bois de marqueterie : il porte 8 pouces de haut, ſur 10 pouces de large.

385. Un choix aſſez nombreux de Conchites, Univalves, Bivalves & Multivalves, Madreporites, Gloſſopetres, &c. dont on fera pluſieurs lots.

Bois pétrifiés & agatifiés.

386. Dix-huit petites Plaques de bois agatifiés polies. 387.

387. Trente morceaux de bois agatifiés, polis dans quelques-unes de
leurs parties.

388. Trente-six *idem* pétrifiés & agatifiés, non polis.

DROGUIER

*Composé de 448 Boccaux de verre,
renfermant différents échantillons des
Regnes Animal, Minéral & Végétal,
qui seront vendus en totalité, s'il se trouve
des enchérisseurs, à un prix raisonnable,
sinon divisés en plusieurs lots, comme il
s'ensuit : tous les Boccaux sont étiquetés.*

389. Vingt-cinq Boccaux du regne
Animal, dans lesquels se trouvent
des fragments de Momies d'Egypte,
des Cantharides, Perles, Corail,
&c.

390. Quatre-vingt-deux Boccaux du
regne Minéral, contenant divers
Métaux, Marcasites, Pirrites &
autres minéraux.

391. Vingt quatre Boccaux de Minéraux à l'usage des Peintres, comme
Vermillon, Minium, Ocres, Terres
d'Italie, Lapis pour faire de l'Ou-
tremer, Email, &c.

C

Sous le même numéro , onze Boccaux
du regne Végétal , auſſi à l'uſage de
la Peinture ; ſçavoir , Indigo, graine
d'Avignon , Gomme gutte , Safran ,
&c.

392. Trois cents ſix Boccaux du regne
végétal, contenant diverſes graines,
tant d'Europe que des Indes & de
l'Amérique , Gommes , Bois , Fruits
& autres végétaux ; plus , un Coco
rempli de baume du Pérou.

393. Six Feuilles de coquilles gravées
& peintes d'après nature , avec la
plus grande vérité , à Nuremberg ,
montées ſous verres & bordures
noires.

Lu & approuvé ce 16 Novembre
1769. MARIN.

*Vu l'Approbation, permis d'imprimer, ce 16
Novembre 1769. DE SARTINE.*

De l'Imprimerie de L. F. DELATOUR.

ETAT *des Numéros qui feront vendus à*
chaque vacation.

Le Lundi 11 Décembre 1769.

Les Nos. 10. 15. 16. 26. 27. 28. 47. 51. partie de
52. 60. 61. 66. 69. 72. 83. 87. 89. 94. 98. 99.
105. 107. 118. 120. 123. 125. 132. 139. 156.
168. 177. 229. 239. 242. 243. 254. 264. 265.
276. 277. 289. 290. 316*. 321. 325. 331. 340.
341. partie de 358. 364. partie de 371. 373.

Le Mardi 12 Décembre.

Les Nos. 3. 5. 11. 17. 33. 35. 46. partie de 52.
56. 58. 59. 64. 67. 71. 75. 79. 81. 82. 90.
95. 102. 103. 117. 126*. 136. 142. 145. 147.
149*. 150. 228. 230 234. 234*. 240. 247.
252. 259. 262. 273. 284. 286. 320. 323. 328.
348. 350. 357. partie de 358. 363. partie de
371. partie de 385.

Le Mercredi 13 Décembre.

Les Nos. 4. 8. 9. 13. 30. 39. 44. 49. partie de 53.
55. 63. 68. 70. 78. 85. 93. 97. 101. 104. 106.
119. 129. 138. 140. 141. 155. 162. 170. 171.
176. 196. 224. 227. 241. 250. 261 267. 269.
275. 287. 308. 310. 332. 334. 338. 342. partie de 358. 362. partie de 371. 372. 375. 378.
388.

Le Jeudi 14 Décembre.

Les Nos. 6. 14. 29. 34. 37. 38. 42. 48. partie de
52. partie de 53. 57. 84 96. 121. 124. 148.
165. 180. 182. 187. 188. 198. 206. 210. 212
218. 220. 221. 222. 223. 233. 237. 246. 257.
260. 263. 268. 280. 288. 295. 300. 313. 318.
322. 326. 327. 351. 352. partie de 358. 365.
366. partie de 371. partie de 380. 387.

Le Vendredi 15 Décembre.

Les Nos. 7. 12 *. 24. 31. 40. 43. 45. partie de 53.
54. 65. 76. 88. 92. 100. 103. 111. 114. 122.
130. 134. 144. 191. 194 205. 217. 219. 232.
236. 238. 249. 258. 266. 270. 278. 281. 285.
291. 293. 298. 299. 302. 315. 317. 319. 329.
333. 349. 356. partie de 358. 361. 370. partie
de 371. 383. partie de 385.

Le Samedi 16 Décembre.

Les Nos. 12. 19. 21. 23. 36. restant de 52. restant
de 53. 74. 77. 91. 112. 113. 128. 135. 143.
151. 154. 158. 166. 174. 179. 192. 195. 204.
209. 215. 235. 245. 271. 274. 279. 282. 294.
297. 305. 309. 314. 316. 324. 330. 335. 339.
346. 353. partie de 358. 369. Partie de 371
374. 377. 382. partie de 385. 386.

Le Lundi 18 Décembre.

Les Nos. 2. 20. 22. 32. 53 *. 62. 84. 109. 115.
116. 127. 131. 133. 137. 146 149. 152. 160.
161. 164. 167 175. 181. 183. 185. 188. 190.
193. 207. 231. 248. 251. 256. 283. 292. 301.
304. 306. 312. 337. 345. 347. 355. partie de
358. 360. 368. partie de 371. 376. restant de
380. 384. 386.

Le Mardi 19 Décembre.

Les Nos. 1. 18. 25. 41. 50. 73. 80. 110. 126.
153. 157. 159. 163. 169. 172. 173. 178. 183 *.
184. 186. 189. 197. 199. 200. 201. 202. 203.
208. 211. 213. 214. 216. 225. 226. 244. 255.
272. 296. 303. 311. 343. 344. 354. restant de
358. 359. 367. restant de 371. 379. 381. restans
de 385. 389. 390. 391. 392. 393.

9 782329 693989